"Pages actuelles"
1914-1917

Le Capitaine
Augustin Cochin

PRÉFACE

de Paul BOURGET
de l'Académie française

BLOUD ET GAY, Éditeurs

PARIS - BARCELONE

Le Capitaine
Augustin Cochin

QUELQUES LETTRES DE GUERRE

PRÉFACE

de Paul BOURGET
de l'Académie française

BLOUD & GAY
Éditeurs
PARIS, 7, Place Saint-Sulpice
Calle del Bruch, 35, BARCELONE
1917

PRÉFACE

J'aurai vu ce noble Augustin Cochin pour la dernière fois, quelques jours avant le début de cette terrible bataille de Verdun, où il devait recevoir sa sixième blessure et mériter sa troisième citation : « A conduit sa compagnie à une contre-attaque avec un allant remarquable. Blessé d'une balle à l'épaule, ne s'est fait panser qu'après avoir assuré l'occupation du terrain conquis. Coutumier d'actions d'éclat. Déjà deux fois cité, deux fois blessé... » Il marchait, ce matin-là, sur le trottoir de la place Saint-François-Xavier, devant la statue de ce passionné Français qui fut Coppée. Je savais par son père, mon excellent confrère d'aujourd'hui à l'Académie, mon camarade de classe jadis à Louis-le-Grand, que cet héroïque garçon avait eu le bras brisé, à l'assaut d'un village, en septembre 1914. Sept mois d'hôpital et deux opérations très douloureuses ne l'avaient pas guéri. Malgré cela, il s'était trouvé à l'attaque de Champagne, et l'os qui n'avait pu se ressouder s'était cassé de nouveau. Nous nous abordâmes.

— Hé bien ! lui dis-je, vous allez travailler et continuer votre histoire du Comité de Salut Public. Avec ce bras vous ne repartez plus ?

— Mais si, me répondit-il, *maintenant j'ai un bon plâtre !*

Ce fut dit aussi tranquillement, aussi naturellement que s'il eût été, avec son ami et collaborateur Charles Charpentier, à sa table des Archives, en train de vérifier sur documents les regrettables inexactitudes de M. Aulard et que, son camarade s'inquiétant de son écriture, il l'eût rassuré en lui disant : « Maintenant, j'ai une bonne plume. » Aucune vanité, aucune exaltation non plus sur son visage sans éclat, d'une expression réfléchie et simple dont le caractère était la fermeté sérieuse. Je me souviens : je le regardais s'en aller dans son uniforme bleu d'officier d'infanterie, et jamais le problème le plus douloureux peut-être de cette guerre, celui du sacrifice de l'élite, ne s'est posé à moi avec plus de force :

— Est-ce admissible ? me disais-je. Voilà un homme encore jeune (il était né en 1876) qui représente une valeur intellectuelle de l'ordre le plus rare. Il est entré le premier à l'Ecole des Chartes. Il en est sorti le premier. Depuis quinze ans, il s'est voué à l'étude de la Révolution. Il a montré dans sa vigoureuse étude du *Correspondant* (1) sur *Taine et M. Aulard* un talent d'écrire égal à son érudition. Dans l'immense travail de révision par l'histoire du mouvement de 1789, qui doit réapprendre aux Français la vérité politique, et réparer tant de ruines, il paraît bien être le meilleur ouvrier. Il a payé largement sa dette militaire. Il a été blessé et il reste infirme. Tous les médecins s'accordent à lui défendre d'aller au front désormais, puisqu'avec ce bras dans uu appareil il est à

(1) Numéros du 25 mars et du 10 avril 1909.

moitié désarmé, à la merci de la moindre chute. Ne serait-il pas plus utile en restant ? Où est son devoir ?

* * *

Cette question, Augustin Cochin était trop scrupuleux, trop soucieux aussi de l'emploi utile de sa vie pour ne pas se l'être posée. Il l'avait résolue dans le sens de l'exemple à donner et de l'immolation. En repartant, si blessé, d'abord pour la Champagne, puis pour Verdun, enfin pour la Picardie, où il devait mourir, il ne cédait pas à ce que Tolstoï, causant avec Déroulède, appelait le « coupable amour du danger ». Il n'obéissait pas non plus à ce romanesque entraînement qui saisit Ségur quand, au 18 Brumaire, il vit le 9e dragons marcher vers Saint-Cloud, « les manteaux roulés, le casque en tête, le sabre en main, avec cet air fier et déterminé qu'ont les soldats, lorsqu'ils vont à l'ennemi, décidés à vaincre ou à périr ». Et Ségur ajoute : « Ma vocation venait de se décider. Dès ce moment je fus soldat et je méprisai toute autre carrière. » En dépit de ses galons de capitaine, l'archiviste de trente-sept ans n'a pas de ces enthousiasmes magnifiques et naïfs. Il n'est officier que par accident, et s'il a pu avoir quelques illusions sur la poésie de la guerre, il les a perdues en observant de près la sinistre réalité des champs de bataille. S'il y retourne avec cette obstination de martyr, c'est pour des motifs qui n'ont rien de commun avec le goût de l'aventure, ni avec celui du panache. Certes, il eût aimé, lui aussi, les beaux faits d'armes d'autrefois. Ses lettres, dont j'ai là une émouvante liasse, l'attestent en maint endroit. A la date du 4 juillet, quatre jours avant d'être tué, il écrivait : « *La charge a été splendide*, le 1er, à travers les 800 mètres de tranchées boches qui séparaient les bois de nos lignes. *J'ai eu sous les yeux, de nos tranchées, le magnifique spectacle de cette charge*, vu les lignes de tirailleurs courant de tranchée en tranchée jusqu'au bois et même sur les premiers Boches pris. Délire de mes hommes, vous pensez... » En février 1916, même impression d'allégresse devant ce même spectacle : « Robert », écrit-il d'un de ses compagnons, « a été épatant. Sa section presque entièrement détruite par le marmitage, lui blessé, — chic type, — hélas ! *il n'a pu voir la récompense du soir la charge...* » Et il évoque cette charge : « Je n'avais que des débris de compagnie, après ces neuf heures d'enfer. Mais quels hommes ! Pas d'abri. Couché en pleins champs sous les obus. Presque pas mangé la veille. Pas du tout le jour même, et pourtant, à vingt pas, feu de salve ; les Boches arrêtés sur les jarrets. Après un quart d'heure de fusillade à bout portant, *à l'ancienne mode*, j'ai vu les Boches balancer et j'ai commandé la charge. *Ah ! si vous aviez vu partir mes pauvres petits, la baïonnette haute, bien en ligne !* Les Boches ont tourné avant le choc, au cri... »

*
* *

Hélas ! Ces minutes passionnantes de combats « à l'ancienne mode », ce sont vraiment des « récompenses ». — Quel mot à la Corneille et de quelle simplicité dans le sublime ! — Le quotidien de la guerre actuelle, c'est une indéfinie et meurtrière résistance, dont Augustin Cochin a connu toutes les détresses. « Quelle odieuse guerre ! » écrit-il le 7 juillet. Ce sont sans doute les dernières lignes que sa main ait tracées. « Des jours et des jours dans des trous ou plutôt des niches, chacun la sienne dans la paroi d'un boyau... Et devant nous cette affreuse, affreuse race ! Plus on les voit de près, plus on les abhorre. Les bandes de prisonniers sont ignobles à voir, bas, anxieux de se faire bien venir, ravis d'être pris. Il s'en est rendu hier plusieurs, débarquant chez nous leur calot à la main, tous les boutons de leur veste coupés, et portant un petit ballot de provisions pour le voyage. *C'est ennuyeux de se faire tuer derrière des parapets par de tels animaux !...* » Qu'il l'avait subie de fois cette impression du dégoût dans l'héroïsme ! Le 10 avril, il écrivait devant Douaumont : « Les Boches ne savent plus maintenant que nous inonder de mitraille, pour énerver tout le monde, et c'est tellement énervant en effet, d'être là sans rien pouvoir faire, des dix, douze heures durant, toutes les cinq minutes ou même toutes les deux ou trois, selon les moments, à quelques mètres d'un écrabouillage... » Et dans quel décor ! Lisez ou plutôt regardez ce tragique tableau, brossé sous le canon, et qui révèle un fier don de style dans sa notation spontanée : « ... Il y avait ici des bois, des champs, des ouvrages. Il n'y a plus rien qu'un chaos de débris, plus une motte d'herbe, plus une tige d'arbre, et, là-dessus, le grand soleil. C'est bien le spectacle le plus sinistre qu'on puisse voir. Et le bruit ! Un roulement absolument continu, déchiré de grands sifflements et des fracas des éclatements voisins. Tout cela est énorme, effarant, — pas beau ni grand, — bien boche. On attend, on s'énerve. On compose des épîtres comme je fais en ce moment. *Ce n'est plus le magnifique sport d'autrefois.* Il n'y a plus ici qu'un cataclysme matériel. Pas une âme sur cet immense paysage où ne restent même plus d'arbres ou de buissons pour arrêter les yeux. Rien qu'un immense concassement de choses, et seulement, quand on met le nez hors de son terrier, on aperçoit une capote bleue qui court au milieu des trous de marmites : quelque agent de liaison qui court du trou de son commandant au trou de son colonel, ou un blessé solitaire qui se traîne vers l'arrière, — pas d'autre mouvement que cela et les panaches brusques des marmites. »

* * *

Accablante épreuve, que ce lettré, cet érudit, cet homme de science et de pensée n'a pas seulement acceptée, qu'il a cherchée, qu'il a voulue, réalisant ainsi une conception de son rôle social qui tenait aux plus profondes fibres de son cœur et de son esprit. A ceux qui insistaient pour qu'en septembre 1915 d'abord, puis en février 1916, enfin le mois dernier, il se conformât au verdict des médecins et demeurât à l'arrière, il répondait : « On renvoie au front les hommes mal guéris, blessés trois ou quatre fois. *Que voulez-vous qu'ils pensent, si nous faisons autrement qu'eux ?* Le bien que je puis leur faire vaut vraiment un bras. » Et il récitait le passage si touchant de Joinville, où celui-ci raconte n'avoir jamais oublié la parole par laquelle, partant pour la Croisade, son cousin le sire de Bollainmont lui avait rappelé son obligation envers les humbles : « Vous vous en allez outre-mer. Or, prenez garde au retour, car nul chevalier, ni pauvre ni riche, ne peut revenir sans être honni, s'il laisse dans les mains des Sarrazins le menu peuple de Notre Seigneur en la compagnie duquel il est allé... » A cinq siècles et plus de distance, le conseil du chef féodal à son jeune parent éveillait le même écho dans la conscience de cet intellectuel, issu d'une antique lignée bourgeoise. « Notre famille », répétait-il, « se doit d'en faire plus que les autres. » Dans les avantages d'instruction et de fortune que lui donnait sa naissance, il voyait d'abord le service à rendre. Lequel, quand la patrie est en danger ? Celui d'entraîneur d'hommes, et comment entraîner les hommes, sinon en faisant de soi-même un drapeau vivant ? Cette obligation d'honneur civique se doublait chez lui d'une charité fervente, celle du chrétien pratiquant qu'il était resté. Au lendemain d'une dure journée passée sous les marmites et d'une nuit employée à planter des fils de fer et à mieux aménager la tranchée, il écrivait : « J'avoue qu'aujourd'hui, vers les 2 heures, j'étais à bout et j'ai fait commé les loqueteux de l'Evangile : j'ai demandé de ne pas mourir si bêtement, moi et *mes pauvres biffins* qui étaient à moitié fous, les yeux ronds, ne répondant plus quand je leur parlais. Pas militaire et pas philosophe non plus, mais au fond c'est bien là le vrai et le seul recours quand on se sent si près d'une telle mort. Et j'ai toute confiance, et que de force et de consolation ! « *Mes pauvres biffins*, maintenant, — tout à l'heure, *mes pauvres petits*, — nul orgueil dans ces appellations familières, mais la virile tendresse d'un privilégié pour de moins heureux, d'un plus cultivé ponr de moins savants. C'est le

« menu peuple », dont il est le chef, parce qu'il appartient à cette classe des autorités sociales dont le grand Le Play a dit les charges, mais c'est le « menu peuple de Notre Seigneur ». Et dans le chef militaire s'éveille l'apôtre. Pour Augustin Cochin, être au feu avec ses hommes, ce n'est pas seulement se battre comme eux, souffrir comme eux, mourir comme eux, c'est leur attester par tout son être le bienfait de sa foi. Un témoin renseigné me raconte qu'un d'entre eux, arrivé au régiment avec des idées d'anarchiste lui dit un jour, comme ils s'élançaient à l'assaut : « Si j'en reviens, mon capitaine, je pense comme vous, *je me communie.* » Il en revint et il fit comme il avait dit. Il se confessa. Il communia. Quelques jours avant la bataille de la Somme, Augustin Cochin lui servait de témoin pour mettre en accord par un mariage à l'église son foyer de hasard et ses nouvelles idées. Puis ils partirent au front tous les deux, le capitaine emmenant son soldat, lui aussi mal guéri d'une blessure. Le soldat était tué, à peine dans la Somme ; le capitaine quelques jours après.

*
* *

A relire de près les pages, trop peu nombreuses, qu'Augustin Cochin a publiées avant la guerre, on se rend compte que ce respect ému, ou mieux cet amour pour le « menu peuple » était vraiment la maîtresse pièce de sa pensée. C'est cet amour qui lui donna l'horreur du mensonge révolutionnaire et de l'exploitation du prolétariat par les politiciens, qui n'a jamais été plus totale qu'en 1789 et dans les années suivantes.

Avec quelle ironie il se moque des historiens de la Révolution qui ont inventé « l'étrange fiction politique du peuple, être collectif et pourtant personnel... sur qui on rejette tous les grands crimes de la Révolution » et qui devient « le peuple des journées de septembre, le peuple du 10 août ». Ce peuple-là, Augustin Cochin n'y croit pas. Il garde à Taine, dont il se sépare sur d'autres points, une reconnaissance pieuse pour avoir, le premier, distingué dans la vaste nation française, la petite nation jacobine. Non, le peuple, le vrai, celui qui peine et endure, celui dans lequel se conserve et s'élabore le précieux trésor de la race, n'a jamais été le complice de cette criminelle entreprise d'idéologie et de rapine, de sophismes et de massacres qui aboutit logiquement à la Terreur. Il y a eu, il continue à y avoir, dans l'histoire Jacobine, « une contrefaçon du peuple, de l'opinion, — le peuple des *Sociétés de Pensée*, de la *Petite Cité*, — qui, lui, a une action directe, permanente, tangible. Attribuer au vrai les principes et les actes du faux, au peuple de Paris, par exemple, les massacres de septembre, c'est plus qu'un aveu d'ignorance, c'est un contresens historique, à l'appui d'un mirage politique. Ce n'est pas omettre la vraie cause, c'est la remplacer par une fausse... » On a souvent opposé la *démophilie* à la *démocratie*. Augustin Cochin, contre-révolutionnaire par amour du peuple, privilégié par la naissance, la fortune et l'intelligence, qui a donné sa vie pour le peuple, parmi des gens du peuple, illustre d'une manière bien frappante cette antithèse. Cet amour qui l'a rendu si perspicace et lui a découvert le rôle joué dès avant 1789 et ensuite par les *Sociétés de pensée* aurait fait de lui l'historien définitif de cette époque si troublée, si confuse, dont

Taine a commencé de débrouiller l'énigme. Hélas ! c'est toujours le cri déchirant de Virgile,

...Si qua fata aspera rumpas.

Qu'ajouter, sinon ces quelques lignes pathétiques du caporal-infirmier Charles Savine, qui a ramassé son corps. Elles disent mieux que tous les commentaires le prestige bienfaisant d'une telle âme et d'une telle mort : « ...J'ai trouvé ses deux médailles et sa Légion d'Honneur tachées de sang. Jamais ces croix n'ont été plus honorées que sur cette poitrine, et c'est en tremblant d'émotion que je les ai détachées pour les remettre à l'aumônier. Puis j'ai coupé des fleurs. Des fleurs ! Cela semble impossible. Hé bien ! J'en ai trouvé : des roses sauvages et d'un rouge éclatant. Une brassée de lauriers couvre son corps. *J'ai lavé sa tête et je l'ai mis dans une attitude digne de lui. Il repose comme un preux d'autrefois, drapé dans une toile de tente, les vêtements souillés de boue glorieuse et recouvert de fleurs* » (1).

PAUL BOURGET,
de l'Académie française.

(1) Les pages qu'on vient de lire ont été publiées par le journal *L'Echo de Paris* dans son numéro du 17 juillet 1916.

Le Capitaine Augustin Cochin

Les œuvres d'Augustin Cochin et ses lettres seront publiées un jour. Nous voulons dès maintenant faire connaître quelques lettres venues du front de guerre, persuadés que leur lecture soutiendra ceux qui peinent et souffrent comme mon frère a peiné et souffert volontairement.

Mon frère écrivait beaucoup. Au jour le jour, sur une feuille de calepin, au crayon, souvent du cœur même de la bataille.

Dans cette guerre, le chef de l'unité combattante, le capitaine, est l'âme de l'armée française. L'amour des petits et des humbles, le commandement paternel plein de douceur et de fermeté, l'héroïsme calme et réfléchi devant le danger, l'entrain dans l'attaque, toutes ces vertus de la vieille France avaient été développées en Augustin Cochin par une éducation chrétienne. Mon frère les possédait, plus que tout autre : personne n'a été un meilleur soldat que cet historien.

Augustin Cochin est né à Paris le 22 décembre 1876. Après des études brillantes à Stanislas, plusieurs premiers prix obtenus au concours général, il était reçu le premier à l'école des Chartes et en sortait le premier. A vingt-trois ans, il trouvait le sujet des recherches et des travaux qui ont rempli sa vie. Une polémique avec M. Aulard a seule dévoilé jusqu'ici le but que poursuivait ce bénédictin des Archives. Les premiers volumes de l'Histoire des sociétés de pensée allaient paraître, quand la guerre a éclaté. Après quinze ans de travaux obscurs et inconnus, mon frère a pu entrevoir l'achèvement de son œuvre et ce n'est pas sans tristesse qu'il me disait en rejoignant son *régiment après ses premières blessures : « Je ne fais pas un léger sacrifice. »*

Et pourtant, quelle plus belle réalisation de ses rêves, quelle plus vivante épreuve pour ses idées, que cette action personnelle sur les hommes, cette vie de chef dans le combat, ce dévouement à ses soldats, qui le ramenait avec six blessures à sa place au milieu des troupes d'assaut. Il revenait toujours, mal guéri, traînant un bras brisé dans une gouttière, rebelle aux supplications des siens, aux conseils des docteurs, même aux ordres de ses chefs, qu'on a retrouvés dans sa cantine. Mon père, voulant le retenir quinze jours avant sa mort, lui disait : « Tu en as fait bien assez. » Il répondait : « Jamais assez. »

Il avait pris part aux combats de Fouquescourt, de Tahure en Champagne, de Douaumont, du Morthomme, de la Somme, il avait été blessé en tous ces combats. sauf un, — quatre fois cité à l'ordre de l'armée et décoré de la Légion d'honneur.

La mort héroïque de notre frère, le capitaine Jacques Cochin, au combat du Xon, en 1915, avait encore accru son ardeur à servir.

Aussi, lorsque, frappé à mort sur le calvaire d'Hardécourt, près du Christ mutilé par les obus, Augustin a consommé son sacrifice, il a pu, en se recueillant avant de paraître devant Dieu. considérer avec confiance l'harmonie de l'idée avec l'œuvre accomplie : « Dieu, la patrie, la famille, voilà l'ordre », avait-il écrit. Personne ne les aura mieux servis.

Lieutenant de vaisseau Jean COCHIN.

I

Mort de son frère
le capitaine Jacques Cochin.

Paris, 19 février 1915. — Cher vieux Charles (M. Charles Charpentier). — Nous pouvons nous donner la main et pleurer ensemble. Mon frère Jacques vient d'être tué glorieusement au combat de Norroy, le 14 février, en chargeant à la tête de sa compagnie, qui a ouvert l'assaut. Il avait poussé les Boches jusqu'au village, pendant que les deux bataillons de renfort restaient accrochés à 1.500 mètres en arrière, et on n'a retrouvé son corps que trois jours après, quand on a repris ce village. Pourquoi Dieu prend-il ceux-là et pas nous? pourquoi toujours les meilleurs et les plus utiles pour le sacrifice? Vous pensez si ce glorieux exemple augmente ma hâte de repartir. Je suis honteux d'être encore ici, et pourtant la croix de ma pauvre mère et de mon père est trop lourde pour eux. Quelle chose affreuse de la rendre plus lourde encore! Je m'arrangerai au moins pour qu'ils me croient toujours au dépôt.

Adieu, cher vieux. Quelle épreuve affreuse, et que les risques et le cafard sont peu de chose à côté de l'angoisse d'une mère qu'on est seul à consoler, et il faudra être parti avant trois semaines! C'est à en perdre la tête. Adieu, priez pour mon pauvre petit frère, qui est entré dans l'éternité par la grande porte des héros et des martyrs, et pour mes pauvres parents qui plient sous le faix. Jean risque sa vie chaque jour sur son sous-marin.

Paris, 21 février. — Madame (Mme Firmin-Didot). — Comme vous êtes bonne, en ce premier jour de si profonde douleur, de penser à la nôtre. Il n'en est pas de plus grande. Le coup a porté, malgré tant de risques et de craintes, comme si rien ne l'annonçait. Et pourtant Jacques n'est pas à plaindre. Il est entré dans l'éternité, en pleine jeunesse, par la porte triomphale du sacrifice complet. Il y a bien des façons de se faire tuer à la guerre, il a choisi la plus libre et la plus noble. Il a accepté la mort une première fois en quittant son état-major, où il pouvait rester en toute conscience et servir honorablement ; et une seconde fois, dans cette charge de Norroy, où il a poussé à fond, enlevant sa compagnie jusqu'au village, tandis que le reste des deux bataillons se laissait accrocher à moitié chemin. Et le sacrifice ainsi accepté, les yeux ouverts, était le plus grand qu'un homme puisse faire, celui d'une vie utile et heureuse, bien gagnée par des années de travail, la joie de mener à bien ses travaux, de voir grandir ses enfants, la tendresse de Marthe. Il a donné tout cela pour son pays, avec cette fermeté généreuse que seule la foi peut donner. Mourir ainsi n'est pas mourir. A ceux qui sortent ainsi de la vie, Notre-Seigneur ne fait pas attendre un jour le bonheur d'entrer dans sa gloire.

Mais ceux qui restent, hélas ! La pauvre Marthe, qui demeure seule à la garde du petit trésor de la famille ; ces chers petits auxquels leur père a

marqué la route d'un geste héroïque et que leur
mère devra soutenir et élever seule pendant de
longues années de courage et de patience. Le cœur
manque quand on y pense. Ah ! pourquoi faut-il
que Dieu choisisse pour le sacrifice les plus nobles,
les meilleurs, les plus utiles, et laisse là les autres ?
Pourquoi, de nous trois, est-ce Jacques qu'il a pris,
ce ménage heureux qu'il a brisé ? Lui seul peut
donner le courage de supporter un tel coup.

Veuillez, Madame, croire à l'expression de ma
profonde et respectueuse sympathie.

Paris, jeudi 4 mars. — Madame (Mme de Visme).
— Aucune sympathie ne pouvait nous toucher plus
que la vôtre, vous qui dès le début de cette guerre
souffrez les mêmes angoisses que nous. Puisse Dieu
vous épargner le coup qui frappe ma mère et mon
père ! La mort de mon frère est si libre et si belle,
le moment si solennel, qu'on se sent plus exalté
qu'abattu, plus près de la vérité divine. Quand on
voit une âme faire son choix si librement et quitter
sans balancer tout ce qu'on appelle le bonheur, on
est bien obligé d'avouer que la réalité n'est pas où
la met la vie plate et banale. Et cette vie-là dispa-
raît et s'efface devant la force de tels témoignages.
Plus tard, sans doute, elle reprendra ses droits,
et c'est alors que de telles blessures feront souffrir,
mais jamais comme avant ; l'exemple demeure, et
la preuve est faite : et la même Vérité qui a fait
dédaigner les joies à ceux qui partent fera supporter
les peines à ceux qui restent. C'est du moins ce
que je me répète, moi qui ne puis prétendre imiter
que de bien loin l'exemple de mon petit frère, car

mon sacrifice ne saurait avoir de proportion avec le sien. Quelles actions de grâces ne devons-nous pas à ceux qui donnent ainsi sous nos yeux, en pleine connaissance et en pleine liberté, le démenti à la mort !

Veuillez, Madame, croire à toute ma reconnaissance et à mon respect.

18 mars 1915. — Merci, mon cher ami (M. Antoine de Meaux), de votre si bonne et affectueuse lettre. Oui, sans doute, mon frère est mort magnifiquement, donnant toute sa mesure dans un hiver d'épreuves et une nuit de combat sans espoir. Robert d'Harcourt, blessé à ses côtés, l'a vu tomber avec les trois derniers de ses hommes, refusant de se rendre. La compagnie tout entière est à l'ordre de l'armée, capitaine en tête. Tout cela est splendide, trop beau, et on a peine à se maintenir à cette hauteur, où il n'y aurait plus de souffrance, mais seulement l'enthousiasme et la gloire du sacrifice complet. Mais on retombe, hélas ! pour penser à la pauvre petite veuve, aux orphelins, aux parents accablés, au vide affreux. Et pour ceux qui reviendront de tout cela, quel avenir austère et que de devoirs nouveaux sous peine de se montrer indignes de tels exemples et de désavouer ses morts. Tout change de mesure et de valeur et on se trouve bien nul et faible et loin des grandes sources de force et de la vraie foi. Et pourtant, comme les voies sont nettes maintenant ! De notre côté, toutes les ressources de forces, l'esprit du christianisme. Pas d'erreur possible là-dessus. Les hommes, paysans et ouvriers, retrouvent au feu la confiance et la tendresse du peuple d'autrefois, et valent ce que valent leurs officiers, et les officiers, c'est de nos familles qu'ils viennent en immense majorité (il suffit de voir les listes de tués de Stanislas, Bossuet, etc.), de la bourgeoisie catholique un peu endormie par ces quarante ans de république et qui retrouve tout à coup sa vocation et sa foi. Voilà le vrai et que ne cache plus même à Rome la devanture officielle.

Et, en face, au contraire, c'est le léviathan socialiste, avec toutes ses caractéristiques : force d'inertie jusque dans le courage, organisation suppléant à tout, machinerie humaine qui n'est possible que sur une matière travaillante et combattante, la plus abondante, la plus vivace, mais la plus malléable qu'on ait vu jamais, grégaire par essence, capable de tous les sacrifices en masse et de ce que nous appelons héroïsme, jugeant de notre point de vue, mais anéantie jusqu'aux dernières faiblesses, sitôt désagrégée. Les combats de cette guerre resteront le symbole des deux forces en présence : de notre côté, la mince ligne de tirailleurs, sans même de serre-files, avec toutes ses inégalités, de faux blessés qui se replient à côté de vrais qui chargent quand même et se font tuer plus loin, et, en face, les paquets d'hommes où nos obus font de grands trous, qui se referment comme la gélatine d'une pieuvre. Peu importe les gouvernements, la chrysalide monarchique du socialisme allemand est encore plus illusoire et factice que notre cocarde à la 93. C'est bien de notre côté qu'est le loyalisme personnel ; du leur, le socialisme et la démocratie.

C'est pour cela, d'ailleurs, que nos pertes sont si cruelles, irréparables, semble-t-il toujours au premier regard : l'homme qui tombe se sacrifie en pleine connaissance et liberté. Ce n'est pas un élément, un atome de la masse, mais un être personnel, unique qui s'est dévoué. Il est mort à sa façon, de son plein gré, sans mitrailleuse derrière, ni trique, ni injures de sous-officiers. L'officier est devant, comme mon pauvre frère, qu'on a retrouvé sans autre arme dans les mains que sa badine et ses gants, le bras tendu dans le geste de la charge, à plusieurs pas en avant du premier tué de ses hommes ! Voilà la manière française.

Adieu, mon cher ami, voilà bien bavarder et ratiociner, mais que voulez-vous qu'on fasse dans son sixième mois d'hôpital, surtout quand on est, comme moi, un vieil intellectuel impénitent? Enfin, je repars incessamment ; plus qu'une plaie à fermer qui ne peut tarder et je m'en irai donner un salutaire bain de pieds à ma philosophie dans les tranchées d'Ypres. Il n'est que temps.

Bien affectueusement vôtre.

5 mars 1915. — Merci, mon cher vieux (M. Charles de Lasteyrie), de ta bonne et affectueuse lettre. Hélas ! quel coup. Nous n'avons plus maintenant que des orphelins dans la famille. Ceux de Jacques auront du moins le plus glorieux héritage, et une lettre de Robert d'Harcourt, sergent dans sa compagnie, blessé à ses côtés et prisonnier à Metz, vient encore de confirmer l'héroïsme de sa mort.

Robert est tombé à 10 heures du soir, au premier assaut du Xon, frappé d'une balle en pleine figure.

Il a refusé de se laisser emporter pour ne pas enlever deux hommes à la compagnie. Jacques l'a embrassé et lui a dit adieu devant sa troupe et pendant sept heures, jusqu'au petit jour, selon l'ordre reçu, a tenu la position contre des forces dix fois supérieures. Robert, à demi évanoui, voyait et entendait tout comme dans un rêve. Quand les Allemands l'ont emporté, il a vu pour la dernière fois Jacques encore debout avec trois hommes, tout ce qui restait ; saisissant un fusil au lieu de se rendre, et mettant en joue, abattu au moment de tirer. Mais les renforts arrivaient ; la mission était remplie, Pont-à-Mousson et le bois Le Prêtre sauvés, que nous perdions sans la défense admirable de la compagnie de Jacques : tel est l'avis de tous les chefs, depuis le général de division jusqu'au colonel, tel qu'ils l'ont déclaré à mon pauvre père.

Adieu, cher vieux, je te demande une pensée devant Dieu pour mes pauvres parents, pour la petite veuve et ses deux orphelins. — De tout cœur.

Cette mort héroïque de son frère devait rester pour Augustin l'exemple à suivre jusqu'au bout dans cette guerre qui demandait tous les sacrifices.

Il l'admirait, il l'enviait. « La mort ne sépare pas de bien loin dans cette guerre, écrivait-il, et une mort comme celle-là rapproche. »

Un an après, passant avec son régiment au repos dans ces pays de l'Est où était tombé son frère, il écrivait :

22 janvier 1916. — Chère Marthe (Mme Jacques Cochin). — Journée d'émotion : j'ai vu le Xon, de loin seulement, en tournée avec les officiers supérieurs de la division, mais très bien, du haut de la colline de Sainte-Geneviève. Je ne m'y attendais pas, quoiqu'on nous ait prescrit l'étude de tout le front de Parroy au bois Le Prêtre : mais le brouillard et les distances à rouler en auto ne me laissaient pas d'espoir, quand après une course vertigineuse, en arrivant sur le piton de Sainte-Geneviève, le nuage s'est déchiré tout à coup et un rayon de soleil d'hiver s'est promené sur la Moselle, la ville de Pont-à-Mousson, Norroy-le-Grand, le Mousson et enfin le Xon, dominant le bois du Juré et le bois de la Fourrasse. J'étais ému à ne pas tenir ma jumelle. Autour de nous, le cimetière de Sainte-Geneviève, serré, au bord de la pente presque à pic, autour de la pauvre petite église au chevet éventré, couvert d'une bâche en loques. Au-dessous, la pente, face aux Boches, où s'étagent des maisons ruinées, des murs criblés de balles ; c'est par là que l'assaut a été donné contre l'héroïque bataillon du commandant de Montlebert qui a tenu bon, à un contre dix côté boche, et malgré trois ordres de repli côté français. Puis, au pied de la colline, le bois du Juré, la baraque des Romains, la route de Lesmesnil d'où Jacques est monté à l'assaut du Xon, et enfin la longue pente nue, et le piton du signal. J'ai prié de tout mon cœur pendant que l'éclaircie passait sur la crête du Xon, comme exprès, pensant à vous, aux pauvres petits. Que de gloire dans ce paysage ! Autour de moi, l'admirable souvenir du commandant de Montlebert ; à l'horizon, au delà des bois, cette cime du Xon, toute rase et brune, où je distinguais çà et là les ouvrages qui portent le nom de

Jacques, l'artilleur et le fantassin qui nous expliquaient le pays me l'ont encore répété.

Et au retour je trouve la lettre de maman me disant la mort du pauvre oncle Richard, qui est parti rejoindre Jean et le petit Ramono. Tout cela est si tragique, mais si beau. Il semble qu'on voie son ancienne vie calme et unie comme du haut d'une montagne.

II

La Champagne

Mardi (fin de juillet) 1915. — Ma chère Marthe. —
Je commence par dire qu'on m'a pris sans hésiter,
et nommé commandant de compagnie, ce qui
m'aurait assez embarrassé si nous n'étions pour
longtemps encore dans une grande ville de l'arrière,
logés comme des princes, menant la vie de caserne
la plus paisible. Il me fallait bien cela d'ailleurs
pour attraper une teinture du métier et je trime
à force. Enfin je persiste à avoir la veine : chefs
parfaits...

Cela dit, il est certain que tous ces pauvres gar-
çons se ressentent encore de l'enfer d'Arras, dont
le régiment se remet tout doucement, mais pour
recommencer avant un mois, en mettant les choses
au mieux. Régiment d'assaut, de sacrifice. Une
heure après mon arrivée, j'ai assisté à la messe dite
dans une église sans vitres, pour les officiers tombés
à Arras. Pas de civils, rien que les officiers et la
troupe du 146, et sermon par l'aumônier. Si vous
aviez vu toutes ces bonnes têtes brunes, sortant de
capotes sans couleur, pleurant au *Dies iræ* et au
Libera, que beaucoup chantaient, les Lorrains savent
chanter à l'église. Je n'ai jamais été si près d'y aller
de ma larme.

Mes camarades de Castelnaudary sont déjà tués.
Ceux de Melun aussi. J'en ai eu un petit cafard le
premier jour comme en tombant dans de l'eau trop

froide. Mais c'est fini, beau temps, beau sport de taubes, deux bombes hier soir, poursuite aux shrapnells dans le plus admirable ciel d'été — c'était très joli de voir filer les sales oiseaux à croix noire, au milieu des petits nuages blancs de nos shrapnells. Nous les avons ratés hélas, mais eux aussi. Mais le meilleur de tous les remèdes contre le cafard est de soigner ses *bonshommes*. Comme j'ai bien fait de rallier, les camarades vous reçoivent à bras ouverts, surtout quand on arrive de son plein gré. Cela prouve à soi-même et aux autres que le moral tient bon et qu'on n'est pas là par force, et même les meilleurs ont besoin de se dire cela de temps en temps.

28 août 1915. — Chère Maman, nous marchons sur la ligne, en faisant nos étapes de nuit, par ces magnifiques clairs de lune. C'est dur pour les hommes chargés à outrance. Quant à moi, je tiens bien, quoique ne dormant guère, mais le fond est excellent et je ne me sers de mon cheval que pour aider mes hommes. Immense pays sinistre, les plaines d'Attila, tout à fait de circonstance, et splendide sous la pleine lune par ces nuits calmes, avec le bruit sourd des gros noirs et les lueurs du bombardement à l'horizon. Le jour, repos dans les granges de misérables villages ; on se terre, pour surprendre le Boche qui a toujours des avions dans quelque coin du ciel. Je suppose que nous devons attaquer par surprise, pour dégager l'Argonne ; simple supposition : je n'ai aucune confidence à trahir. Les hommes vont bien en somme et marcheront au feu avec moi. Mais l'enthousiasme de mai est loin.

Adieu, chère maman et cher papa. Bien belle vie tout de même ! Que de ressources et d'affection parmi les hommes : ou se fait l'effet d'un seigneur du moyen âge.

29 août. — Chère Maman, décidément le décor y est : orage à la Shakespeare la nuit dernière, au milieu de ces plaines sinistres. Tous les phénomènes des manuels d'école : la boule de feu, la pluie de feu, et le plus célèbre que je n'avais jamais vu : le feu Saint-Elme, qui s'est dressé tout à coup droit devant le régiment, un grand arbre de feu avec tout un entrelacs de branches ; les hommes étaient ahuris, et je venais de dire aux miens que c'était un signe de victoire, que le tonnerre de Dieu marchait avec nous, quand tout à coup le bataillon s'est trouvé enveloppé dans une nappe de feu : pétarade indescriptible, toute la colonne arrêtée et comme pétrifiée ; il n'y a pas eu de blessés, je ne sais comment, mais quel moment de panique ! Chacun se tâtait, agréablement surpris d'être encore là. Aujourd'hui j'ai un pieu, grand luxe ! Plus rien de vous naturellement, et je ne pense pas que ce mot ou les autres vous arrivent avant huit ou dix jours. C'est la règle en pareil cas et ne vous inquiétez pas.

30 août. — Chère maman, Journée tranquille dans un bois de sapins. Les hommes s'amusent comme des enfants à courir après les lapins et les écureuils. Canon continuel, mais loin. Je fais des portraits de camarades, pour leur famille. Les chefs sont allés reconnaître le secteur d'attaque ; nous y serons peut-être dès demain ; il y aura quelques travaux à faire, très peu de temps, et probablement un bombardement gênant, puis... mais ne vous inquiétez pas. Non, certes, qu'il n'y ait de bons risques dans ce genre d'affaires-là. Je crois pourtant que cette fois-ci la préparation d'artillerie sera enfin suffisante, les renforts enfin à portée : certains signes le font croire.

Ce soir, les hommes ne rient plus. Chacun écrit sa petite lettre. J'ai constitué ma garde du corps, qui ne me lâchera pas d'une ligne et me rapportera s'il faut ; dévoués corps et âme. Toute la compagnie marchera bien d'ailleurs autant qu'on peut prévoir ces choses-là. On a fixé tout son plan d'assaut. L'avantage de cette guerre monotone est qu'on peut prévoir tous les détails, et préparer son affaire comme au théâtre.

Je n'ai rien de vous depuis quatre jours. Aucune lettre ; vous n'aurez pas les miennes avant longtemps, mais j'écris tous les jours, plutôt deux fois qu'une et fais mon petit journal dans l'agenda rouge que vous m'avez donné.

Adieu, chère maman, Moment grave, mais (jusqu'ici) aucune tristesse ni cafard — mourir ainsi, dans le dernier effort de cette lutte surhumaine avec le meilleur sang du pays, n'est pas un malheur. — Tendresses.

Nous avons deux écureuils, on les attache avec de petites chaînes, et on les trimballe dans un pan de capote.

Dimanche, Septembre. — (A Mme Bernard de la Groudière), — Bien émouvants, ces derniers jours avant le grand branlebas. Plus tard, si Dieu permet qu'on en sorte, ces souvenirs-là resteront comme les plus beaux de la vie. Messe ce matin dans une jolie église ruinée, bondée de troupes. Sermon bien simple de l'aumônier, mais tel qu'on peut le souhaiter; on ne peut pas parler mal, au seuil de l'éternité. Tout est noyé dans la grande idée de l'assaut que le moindre bonhomme a devant les yeux : question de vie ou de mort pour la France. C'est effrayant à penser, mais quelle bénédiction d'être là au premier rang, d'y aller de ses forces et de son sang !

Et puis, après tout, on en revient, même de ces affaires-là. Il y a des tas de blessés, et mes biffins ne me lâcheront pour rien au monde, on s'adore. Tu vois que tout va bien. Prions pour la France. On pense trop à soi.

5 septembre. — Cher papa, Les lettres, et une de vous ! c'est le moment exquis de la journée, dans cette grande vie brutale et sinistre, vie de taupes. Je suis perclus de courbatures à force de me tortiller dans ces trous, sous la voûte d'acier de deux formidables artilleries ; tous les diapasons de coups et les genres de piaulements, depuis le petit 77, le 80 autrichien, jusqu'à l'énorme 320, qu'on ne peut pas s'empêcher de regarder tant il a l'air de faire paisiblement son voyage à travers le ciel. Devant nous, à travers les créneaux, un grand paysage vide, sillonné de tranchées blanches, avec de pauvres petits bois déchiquetés. Notre régiment travaille à force aux parallèles d'assaut, travail délicat : creuser des trous la nuit en avant de la première ligne. Mais ces jours-ci mon bataillon a la veine encore, c'est lui qui tient cette ligne pendant que les autres sortent, je ne fournis que les patrouilles de couverture : sale métier, d'ailleurs, maïs les officiers n'y vont pas. Et dans deux jours on nous relève. Vous voyez qu'il n'y a... Zut ! un obus à l'entrée de mon trou. J'allais continuer : aucun danger ; je corrige d'autant. Mais je n'ai eu que le vent dans la figure et le petit abrutissement du coup, pas une égratignure. Mille et mille tendresses, cher papa ; j'arrête là mes impressions de campagne, bien monotones et banales, pour dîner.

5 septembre. — Chère maman, Epatant : Nous venons de faire, mes trois lieutenants et moi, un de ces boulots, grâce à vous ! on vous bénit ! Tranchée de première ligne, quelle drôle de vie ! Je suis moulu de courbatures ; des trous, des couloirs qu'on brosse des deux épaules, des encombrements d'hommes qui manœuvrent comme des fardiers dans les rues du marais, et par-dessus tout cela l'arrosage boche. J'ai des peurs épouvantables, pas héroïque pour deux sous ; tout à l'heure, j'ai reçu une dizaine de 105, quels sales objets ! Très peu de danger, d'ailleurs, soyez tranquille. Et je sauve tout de même les apparences : tout est sauvé, même l'honneur ; mais quand le zzz boum arrive et que la terre vous retombe en pluie, le cœur vous saute « comme un crapaud dans une valise », j'aime bien mieux le petit sifflet des balles.

9 septembre. — Chère Marthe (Mme Jacques Cochin).
— Avec quelle émotion j'ai relu les lettres de Jacques.
Vous me les envoyez juste au bon moment, dans les
quelques jours de répit qu'on nous laisse avant le
« lâchez tout ». Quelle force on y trouve ! Bien utile,
je vous assure ; je me méfie toujours de moi, on ne
sait jamais, les nerfs, la carcasse qui regimbe, il faut
avoir les yeux sur l'étoile. Tout le monde brave, me
dites-vous ? Oh ! non. Du moins cela dépendra de
moi. La nuit dernière, deux de mes patrouilleurs
pleuraient pour partir, je les ai emmenés et placés,
sans grand mérite, car je savais bien que les Boches
d'en face ne piperaient mot, ayant aussi besoin que
nous de calme pour travailler. Ils plantent force fil
de fer, pendant que nous poussons nos parallèles
d'assaut. Maintenant, ces hommes-là sont d'aplomb,
mais il faut y veiller sans cesse.

10 septembre. — Chère maman, Voilà encore un
envoi de vous : tricot, caoutchouc, chemises, etc.,
tout à fait à point et je prends le tricot pour moi,
car les nuits commencent à pincer, dans les ruines
où nous campons. Que de rats, mes enfants ! Jamais
je n'en ai vu autant ni de pareils ; notre chien de
compagnie, Beauséjour (naturellement), en a une
peur affreuse et nos écureuils sont en bien grand
danger ; cette nuit, une de ces sales bêtes m'a
réveillé, trifouillant dans mon oreiller de paille !
Scène émue ce soir : les deux premiers cités par
moi ont paru au rapport ; je leur ai lu leur motif.
Champagne le soir sur la planche où nous dînons,
larmes, effusions, poignées de mains. Pauvres gars
et si près du grand coup ! Un des deux avait un livret

chargé, je ne sais quelle blague de faubourg, le voilà réhabilité par la croix. Il en étranglait d'émotion. J'en ai eu plusieurs comme cela, notamment mon chef de liaison, c'est-à-dire le capitaine de ma garde que j'ai fait citer aussi (ça va paraître) et qui le mérite vingt fois ; ce sont les meilleurs soldats et, une fois qu'on s'entend, dévoués corps et âme. Quoique tout le monde soit plutôt grave ces jours-ci et que les officiers ne se voient guère d'une compagnie à l'autre, je ne me suis jamais tant amusé qu'avec eux.

Journées splendides dans ce grand pays triste, mais beau tout de même. Pendant que la compagnie faisait un vague exercice, j'ai écouté la musique du régiment qui s'exerçait au fond d'une carrière abandonnée : des airs russes, la marche de la garde, etc. ; pas mal ; et, en l'air, une bataille d'avions au milieu des shrapnells, avec la voix des « gros noirs » pour accompagner. C'était tout à fait agréable et poétique, sauf un mien camarade, instituteur radical, qui se meurt du cafard et dérangeait l'harmonie. Dire pourtant que la prochaine fois que j'entendrai notre clique, ce sera peut-être à Sedan ou plus loin encore ! Le sang vous tourne d'y penser ; on ne parle pas d'autre chose, du réveil à la soupe. Que de miracles feraient ces troupes-là, la victoire en main ! On en peut juger par le ressort qu'elles ont, malgré tant de massacres, de souffrances et de déceptions. Ce soir, tout le monde chante et rigole (et on n'a pas touché de vin) dans la ruine où nous logeons, les uns sur un débris d'étage qui n'a plus qu'un tiers de plancher, les autres dans un squelette de grange dont les Boches ont arraché la moitié des planches, et les rats, toujours, et les poux, et aucune paille (luxe réservé aux officiers), et la bataille qui vient. Mais on est content tout de même, heureux d'être bien aise.

Adieu, chère maman, j'ai du temps, ces jours de repos, et ne peux m'arracher de bavarder à bâtons rompus ; ne vous inquiétez pas de ne rien recevoir dans quelques jours, j'aurai un travail du diable ; santé parfaite d'ailleurs, et bras très suffisant. Tendres tendresses.

20 septembre. — Chère petite maman, Deux lettres de vous, quelle joie ! Cela donne un rayon de paix et de douceur dans ce ciel sinistre, magnifique d'ailleurs comme un orage. Si vous voyiez en ce moment : clair de lune sur un immense paysage dévasté, fusillade à notre gauche depuis un quart d'heure chez les coloniaux, puis canonnade boche, puis tonnerre de chez nous, les gros, les petits, les moyens, partout l'horizon en feu, tonnerre continu ; on a de ces répétitions-là toutes les nuits en attendant la grande bataille. Quelle bataille ? Je ne peux rien vous dire, mais nous sortons de chez le colonel qui a parlé aux officiers du régiment, très bien, pas de phrases, et quel sujet ! Le corps d'armée tout entier chargera de front. Je ne crois pas que ça tarde et je ne crois pas à une grande casse, au moins d'abord. Après, cela dépendra de la tournure de la bataille. Priez pour ma compagnie, chère maman, elle est protégée jusqu'ici, rien que deux blessés ! Et toutes les autres ont des tués et hors de combat, car il y a de mauvais bombardements. Ce soir, je voyais tomber les énormes 220 sur les abris d'un pauvre régiment notre voisin, les hommes courir affolés hors du nuage de fumée noire, les blessés défiler. Notre coin est bon, abrité jusqu'ici.

Adieu, chère Maman. Mille et mille tendresses et à Magd et à Joe ; écrivez-moi le plus possible.

22 septembre. — Cher papa, le bombardement commence, ça y est. Quand vous recevrez ma lettre, *the battle shall be lost and won*. Je viens de réunir mes sergents, de leur indiquer notre ligne d'attaque : 4 kilomètres le premier jour, à moins, bien entendu, de déroute complète des Boches. Tout le monde est très ému ; nous sommes sous une voûte d'obus, dans un tintamarre sans nom. Deux jours d'attente ainsi, puis l'assaut, la plus grande bataille du monde : tout le régiment chargera de front, et le corps d'armée, et d'autres encore à droite et à gauche, et cinq batailles de cette envergure sur notre front !

Hier soir et toute la nuit, travail en première ligne ; pas d'accroc malgré l'entêtement des Boches à écrêter les parapets de temps en temps, rafales furieuses des 75.

J'ai eu ma guitoune défoncée par un 105, mon sous-lieutenant enterré hier soir. Mais on s'en tire tout de même ; pas trop de casse, du moins jusqu'à l'assaut qui se prépare fiévreusement. Ce sera épatant. Je donnerai un fin cigare à chacun de mes quatre chefs de section ; on l'allumera trente secondes avant de jaillir, et on verra qui fumera le sien le plus lentement, signe de calme pendant la charge ; le premier brûlé payera le champagne.

23 septembre. — Chère maman, j'écris à papa et plus à vous tous les jours; mauvais marché pour moi, car il n'a pas le temps de me répondre, mais je compte sur vos lettres tout de même? C'est si agréable, le seul vrai bon moment de la journée. Les petits cierges sont très utiles : ma compagnie est toujours protégée et moi aussi. Hier, un gros obus est tombé à mes pieds, m'aspergeant de terre, et n'a pas éclaté ! Sans quoi j'étais en bouillie. On s'habitue bien; les obus n'ont pas seulement pété, que les hommes se précipitent ramasser le culot pour faire des bagues d'aluminium, sans plus s'occuper de la marmite suivante que si le dernier Boche avait pris le train de Berlin.

Bombardement toujours pour préparer l'assaut, (motus), vacarme sans nom ; santé parfaite. Le Boche est abruti. Hier, en reconnaissance, nous regardions par-dessus les parapets pour préparer la marche à travers les ouvrages ennemis, sans recevoir une balle. Spectacle magnifique, d'ailleurs; de tous côtés, les grands panaches noirs de nos obus sur les croisements de tranchées, les postes d'observation, les lignes boches labourées, retournées; je crois que les premières seront enlevées sans peine, c'est après qu'on trouvera la résistance. Les hommes trépignent de joie de sortir des trous et de se battre au soleil. Ils iront bien. Ma compagnie a eu une nuit de repos, elle seule du bataillon, pour le bon travail qu'elle avait fait; nous avons la grande cote jusqu'ici et les hommes ont bon esprit. Un pauvre gosse que j'ai été obligé de renvoyer ce matin à l'arrière (épuisement, bobos malsains, infection générale) pleurait tout ce qu'il savait, et notez qu'on est à deux jours de la casse ; bon indice, d'ailleurs, car la grande affaire est là : être suivi quand on chargera, mais je suis tranquille.

Vendredi 24 septembre. — Cher papa, tout est prêt, décidé, fixé dans le dernier détail jusqu'à la moindre grenade du moindre *biffin*. Je ne pourrai plus vous écrire demain ni les jours suivants, je pense ; nons serons en pleine poursuite, ou plutôt bataille, car je ne crois pas à la déroute facile des Boches, rien que par marmitage. Nous trouverons la résistance demain soir, après l'enlèvement des premières lignes, et il faudra attaquer violemment pour les empêcher de s'accrocher en arrière. Pour le moment, ils ont l'air affolés, au moins devant nous : plus un coup de fusil ni mitrailleuse, le canon répond seul au nôtre et marmité ferme. Il y aura malgré tout un assez fort point d'interrogation demain matin en enjambant le parapet. J'ai 450 mètres à faire avant leur tranchée, puis j'emmène mes cent quatre-vingts hommes à travers les ruines défoncées de leurs ouvrages, passant devant leurs tirs de barrage. Le plus mauvais sera le début, ces 450 mètres. Mais j'ai bon espoir, tant ils paraissent abrutis.

Adieu, mon cher papa, je vous embrasse de tout cœur.

Ambulance rue Bizet, 28 septembre 1915. — Chère Madelon (Comtesse de Bourmont). — A toi ma première lettre de la main gauche. J'ai eu deux balles dans la droite, plus une dans la cuisse, une dans mon revolver et une dans ma poche. Mais c'est donné pour ce que j'ai eu le bonheur de voir, la magnifique charge de Beauséjour. Tout le corps d'armée déployé, le glorieux 20e, et courant aux Boches sur un seul front.

A 3 heures du matin, le 25, ma compagnie était rangée dans la tranchée de première ligne d'où elle devait sortir. A 5 heures, le grand bombardement commence : obus incendiaires sur les bois de sapins du versant d'en face, nuages de fumée noire traversés par des gerbes d'étincelles, crépitement des sapins allumés, silence morne des pauvres Boches.

6 heures. Ils commencent à riposter avec leurs gros « 220 », juste sur ma ligne, — ça tombe à droite, à gauche de la tranchée, — le parapet se défait, nous sommes aplatis deux fois par le vent du coup, couverts de poudre, pas de mal, mais on attend toujours le suivant.

7 heures. Le commandant fait appeler les quatre commandants de compagnie : dernières recommandations pour l'assaut, réglage des montres pour qu'on parte ensemble ; heure donnée : 9 h. 15. Je retourne trouver mes gosses : le marmitage boche redouble, le nôtre aussi, le temps paraît long, on casse la croûte et on boit un coup de *pinard* (vin) et de *gniole* (rhum), enfin l'heure solennelle approche.

9 heures. Chacun s'est creusé un petit marchepied dans le parapet pour sauter plus vite par-dessus. 9 h. 5. Sac au dos, les fusils approvisionnés, chacun à son poste. 9 h. 10. Je monte sur mes gradins de franchissement, au ras du parapet. Les obus boches tombent toujours, mais personne n'y pense plus. Les pauvres gosses ne causent ni ne rient plus. Ils me regardent tous ; silence ; je fais alors le plus beau

discours que je ferai jamais, pas long : « Les petits gars, c'est pour la France ! »

Puis je jette un coup d'œil par un créneau, à l'autre parallèle, d'où allait jaillir la 12ᵉ. Encore deux minutes : on voyait çà et là des têtes apparaître... Tout à coup, voilà une douzaine de capotes bleues qui sortent. En avant ! Je saute dans le champ, toute la compagnie derrière comme un seul homme. Course folle, 500 mètres, jusqu'aux fils de fer boches. Puis l'escalade des tranchées, magnifique, un élan sans nom, les Boches se terrent ou se rendent par tas ; il fallait voir les vilaines grenouilles vertes courir au-devant de nous, tête nue, bras levés et baragouinant des prières inintelligibles. Ils sont plats, dégoûtants de bassesse. Enfin, nous avons enlevé coup sur coup quatre lignes de tranchées avec leur contenu, une ferme, un poste de commandement de général de brigade avec tous ses papiers, un grand ouvrage fortifié de deuxième ligne.

Mais alors est venue la contre-attaque : la brigade était à bout de force, presque tous les officiers par terre, les hommes débandés par la course et la bataille — massacre, petite reculade — et personne derrière ! Deux kilomètres de plaine couverts de morts, et pas une troupe de renforts à l'horizon ! Avec quelques autres, j'ai pu rallier la valeur de trois compagnies derrière une route, et les sales têtes plates n'ont pu aller plus loin. Mais nous non plus.

Ambulance rue Bizet, dimanche 3 octobre 1915. — Chère Marthe (Mᵐᵉ Jacques Cochin), Robert (Didot) est au 146, à la 9ᵉ. Il m'écrit une si gentille lettre, que Dieu nous le garde ! Je pleure d'être ici où le cafard ne me quitte plus. Ma seule consolation, et ma plus grande inquiétude (arrangez cela), est de savoir notre cher Robert avec ce qui reste de mes pauvres gosses. Il faut lui envoyer beaucoup de victuailles. Je lui dis de me dire ce qui manque aux hommes.

Desprez a fumé son cigare. Leca n'a pas eu le temps de l'allumer. Les deux autres ont été tués. Moi, j'ai oublié tant j'étais ému de mon grand discours : « Les petits gars, c'est pour la France », et surtout de ces bonnes petites figures qui me regardaient si gravement. Voilà le résultat : en somme, c'est moi qui paie le champagne.

Adieu, ma chère Marthe, j'irai chez Olida pour Robert, si ce n'est arrangé. Noix de jambon, chocolat, fromage de Hollande. Voilà le plus pratique. — Affectueusement.

21 octobre 1915. — Cher vieux Man (M. Emmanuel de Valbray). Ecris-moi rue de Babylone tout simplement. Je ne suis plus à l'hôpital que sur les registres. Plus de boiterie. La main encore raide et faible, mais tu vois que j'écris, et je m'en donne même ; je viens de passer ma journée à répondre à mes pauvres gosses de la 9ᵉ (compagnie d'élite, remarquée le 23 et décimée aussi, hélas !) qui m'écrivent de partout. Enfin, dans trois semaines au plus, j'espère bien aller retrouver ceux qui restent, un tiers à peu près.

26 octobre. — Chère Marthe (Mᵐᵉ Jacques Cochin). — Un mot de Robert. Dieu que ça donne envie d'aller les rejoindre ! Vous voyez d'ailleurs qu'on est pour le moment confortable et tranquille. Ces boches n'ont pas leurs pareils pour creuser de beaux trous. Tous les deux mois, quand ils ont bien pioché, on les prie d'aller recommencer 2 kilomètres plus loin et on s'installe à leur place. Voilà la guerre. Moral épatant, d'après les lettres que je reçois. On compare les beaux trous et le terrain sec de Champagne avec les bains de pieds d'Ypres, et on se promet un hiver charmant. Pauvres types, il y a des lettres tordantes que je garde et vous montrerai.

Beauvoir, dimanche 1ᵉʳ octobre. — Chère Marthe (Mᵐᵉ Jacques Cochin). — Comme on pense à vous entre ces deux anniversaires : la fête de Jacques et la Toussaint. Jamais peut-être, depuis que l'Eglise existe, il n'y aura eu de si belle fête de la Toussaint, ni de si glorieux jour des Morts. Cette année, c'est plutôt la fête de la jeunesse, de tout ce qu'il y a en France de plus noble et de plus brave et de plus vivant, qui est allé délibérément au-devant de la mort, montrant aux autres comme c'est peu de chose : un incident dans la vie. C'est sur nous qui restons dans la vie difficile et plate et ennuyeuse qu'on a le plus envie de pleurer, pas sur ceux qui sont entrés tous ensemble dans la vie glorieuse, notre Jacques en tête. C'est le jour de sa fête que mon père est parti pour l'Elysée, dans une auto à chauffeur militaire : premier conseil des ministres. Bonne date pour commencer un méchant travail, accablant, difficile, chargé de si graves conséquences.

III

Verdun, Cote 304

Après trois mois encore passés à l'hôpital, après avoir subi une nouvelle opération pour ressouder le bras brisé en 1914 — résultat qu'Augustin Cochin ne voulut pas attendre — il repartait pour la guerre le jour de Noël, supprimant son congé de convalescence : « J'ai un très bon plâtre », répondait-il à M. Paul Bourget qui voulait le retenir.

Le 25 février, le 20e corps arrivait à temps pour sauver Verdun. Nous donnerons plus tard le carnet de route, les lettres retraçant l'épopée de Douaumont. Le capitaine Cochin eut l'honneur de commander en première ligne, le 26 février, une des contre-attaques qui arrêtèrent l'avance allemande. Encore blessé d'une balle dans l'épaule, cité pour la troisième fois à l'ordre du jour de l'armée, embrassé par ses chefs, il revenait un mois plus tard juste à point pour partager avec sa compagnie les dangers du bombardement du Morthomme.

A M. le Docteur Rollin à Fontainebleau. — Monsieur le Docteur. Au moment de prendre le train pour Gray, c'est décidément en Argonne qu'on expédie en toute hâte le 20e corps. Je tiens à vous dire encore combien je suis reconnaissant de vos soins, c'est grâce à eux que je pars, et aussi touché de votre insistance à me garder. Mais vous sentez trop vivement les scrupules de votre rôle, pour ne pas comprendre ceux du mien. Une excuse pour rester, je les avais toutes, n'est pas toujours une objection pour partir : et je ne pouvais pas en conscience prolonger davantage. Cette guerre-ci n'est pas comme les autres, le sacrifice est immense et complet, et il faut que les officiers fassent un peu trop pour que les hommes fassent assez. Je n'aurai guère le temps de faire connaissance avec les miens : deux ou trois jours de marche forcée en descendant de wagon et l'assaut. J'ai déjà vu cela en septembre. Mais j'espère que Dieu m'aidera et me permettra d'être utile.

Encore merci, Monsieur le Docteur, et veuillez croire à mes plus dévoués sentiments.

Avril. — Mon pauvre cher Louis (Comte Louis de Lasteyrie), ta lettre me navre, j'avais encore un peu d'espoir, j'avais vu ta mère si courageuse et active au milieu de ses blessés de Tournan. Quel admirable exemple ! Il n'y a pas de front ni d'arrière, mais ceux qui donnent leur vie et ceux qui la gardent, et la donner ainsi, jour par jour, goutte à goutte, est ce qu'il y a de plus difficile et de plus beau, ce que Dieu récompensera le plus magnifiquement. Je Je t'assure bien que dans les grands moments où on a besoin de se mettre de belles choses devant l'esprit et où les petites ressources personnelles se trouvent à court, c'est ta mère que je verrai, dans son hôpital, au milieu de ses tirailleurs, encore plus que tant et tant de bons copains qui sont tombés autour de moi. Si tu veux être gentil, demande-lui une prière pour mes pauvres petits qui sont entrés dans la gloire de Dieu si gentiment, baïonnette au canon, pendant les neuf jours héroïques où la division de fer, toute seule, a barré la route aux masses boches. Demande aussi une prière pour moi, pour que je sache bien parler à ceux qui restent et aux nouveaux et maintenir la flamme dans tous ces bons petits cœurs. Dieu ne peut rien lui refuser.

Adieu, mon cher vieux. Veux-tu dire à ton père toute ma respectueuse affection ? Je t'embrasse tendrement.

5 avril 1916. — Chère maman. Ça y est, je monte ce soir aux lignes pour dix jours. Excellent coin, le meilleur du secteur. Calme relatif, bonnes tranchées, tout est parfait, sauf le temps, hélas ! mais je suis équipé à merveille. Et quelle bonne chose de sortir de ce stupide village où, toutes les deux ou trois heures, on reçoit une petite série d'énormes marmites. C'est peu dangereux, mais plus énervant pour les hommes qu'un combat. Voilà mes deux précédents domiciles défoncés ; j'en suis à trois morts et quatre blessés : allons-nous-en. Rien de plus drôle d'ailleurs que la tête des gens au premier zzz boum précurseur des autres. Hier ça a commencé pendant la popote. Indifférence générale, naturellement ; mais la conversation a pris aussitôt une animation singulière, et il y avait certainement toutes les trois minutes (intervalle des marmites) des regards distraits et des phrases inachevées. Belle scène sur la grand'route devant mon cantonnement où, chose curieuse, depuis trois jours, malgré l'énorme passage d'autos et de convois, il n'y a plus jamais un encombrement. Passe une auto, 25e vitesse. Mais, juste au moment même, la marmite horaire débarque sur la route, à dix pas derrière l'auto, dont l'arrière-main saute, lâchant... un flot de vin ! A l'instant, de toutes les ruines et masures, surgissent des bandes de troupiers criant : « Au *pinard !* » Je dois dire que le chauffeur a fait honneur à son corps : il s'est arrêté, et vous pensez si les bidons, bouteillons, creux des mains et bouches se serraient autour des tonneaux blessés ! Heureusement l'obus suivant a éclaté sur l'autre bout du village.

J'ai reçu un paquet de vivres hier, tout à fait à propos, pour prendre les tranchées : nous serons là en popote de compagnie, ravitaillés une fois par nuit et encore.

Adieu, chère maman. Mille tendresses.

9 avril. — Chère maman, Bombardement fantastique depuis six heures. Evidemment nous serons attaqués ce soir. La fameuse cote où nous sommes n'a plus forme ni apparence définissable, elle ressemble à ces grandes fourmilières de forêts faites de petits débris entassés. Il y avait des bois, des champs, des ouvrages. Il n'y a plus rien qu'un chaos de débris, plus une motte d'herbe, plus une tige d'arbre, et là-dessus le grand soleil.

C'est bien le spectacle le plus sinistre qu'on puisse voir, et le bruit ! un roulement absolument continu déchiré de grands sifflements et des fracas des éclatements voisins. Tout cela est énorme, effarant, pas beau ni grand, bien boche. On attend, on s'ennuie, on compose des épîtres comme je fais en ce moment; ce n'est plus le magnifique sport d'autrefois, car il n'y a plus ici qu'un cataclysme matériel, pas une âme sur cet immense paysage où il ne reste plus même d'arbres et de buissons pour arrêter les yeux, rien qu'un immense concassement de choses, et seulement de loin en loin, quand on met le nez hors de son terrier, on aperçoit une capote bleue qui court au milieu des trous de marmite : quelque agent de liaison qui court du trou de son commandant au trou de son colonel, ou un blessé solitaire qui se traîne vers l'arrière, pas d'autre mouvement que cela et les panaches brusques des marmites.

Affreuse guerre, infernale, faite à la mode d'une race qu'on méprise tous les jours un peu plus. Ils ont employé (pas ici) des obus cyanhydriques foudroyants, mais dangereux à faire presque autant qu'à recevoir. Alors, ils les font faire à des prisonniers ; bien boche, et c'est cela à chaque instant, pas un jour sans un exemple de ce genre. Ce peuple-là met toutes les petites vertus secondaires, bourgeoises (soin, méthode, suite) au service d'erreurs et de vices essentiels — ça fait un ensemble hideux ; — les grands vices avaient au moins jusqu'ici un certain romantisme, la beauté du diable ; le bochisme a des lunettes et un pépin.

Enfin, il vaut mieux penser aux grandes choses sereines et souveraines de la foi et prier, ce qu'on ne fait nulle part mieux que sur ce champ de mort et de dévastation où la vie des corps est terrée et détruite, et où seule demeure la vie de l'esprit sur tous ces déchets de la nature et du temps : tous les voiles sont tombés. La réalité de Dieu reste là seule, mais voilà, on n'a pas de mérite à s'apercevoir de cela ici après trois jours de bombardement boche.

Je vous envoie le portrait de mon premier souslieutenant, de mon meilleur agent de liaison et de mon petit ordonnance, — une perle, je n'ai jamais vu un gamin plus brave, — dans notre trou d'hier ; des nids à puces, ces trous, à vermine, on est sale ! Je ne me suis pas déshabillé depuis huit jours, pas débarbouillé ni seulement défait mon ceinturon depuis trois.

Tendresses. On est dans la main de Dieu. Il ne faut pas s'agiter ni s'inquiéter.

10 avril. — Ah ! chère maman, ça va de mieux en mieux, — encore une journée sous les marmites, comme à Douaumont, à la tranchée près. Huit heures déjà qu'on est couché dans le même coin de tranchée ; je n'avais pas encore été bousculé, assourdi, empesté à ce point ; une légère accalmie en ce moment, mais mes pauvres hommes sont à bout de nerfs. D'autant qu'après ces journées-là il faut passer toute la nuit à planter des fils de fer, aménager la tranchée, etc., pas question de dormir, on est rendu. Je n'ai encore que sept blessés depuis ce matin, véritable protection ; hier la 11° a perdu quarante hommes, la 12° a eu une section détruite par un seul obus ; j'ai vu le trou : un petit cratère. Les Boches ne savent plus maintenant que nous inonder de mitraille, pour énerver tout le monde et rendre les positions intenables. Pas d'autre tactique, et nous, nous répondons à coups de « 75 » (la lourde est toujours très inférieure) et surtout à force d'hommes. Pas beau, la ligne, le soir d'une journée comme celle-ci. Les morts, les blessés, les épuisés, les affolés (mon pauvre sous-lieutenant a tout à fait déménagé hier soir pendant une heure ou deux), c'est tellement énervant d'être là, sans rien pouvoir faire, des dix, douze heures durant, toutes les cinq minutes ou même toutes les deux ou trois, selon les moments, à quelques mètres d'un écrabouillage. J'avoue qu'aujourd'hui vers les deux heures j'étais à bout, et j'ai fait comme les pauvres loqueteux de l'évangile, j'ai demandé de ne pas mourir si bête- ment, moi et mes pauvres *biffins* qui étaient à moitié fous : les yeux ronds, ne répondant plus quand je leur parlais. Pas militaire et pas philosophe non plus, mais au fond c'est bien là le vrai et le seul recours quand on est si près d'une telle mort, et j'ai toute confiance, et que de force et de consolation !

Je vous embrasse tendrement, chère maman ; je ne vous cache rien car...

11 avril. — Je reprends, le lendemain soir, même place, même épreuve, des morts, des blessés cette nuit, ce matin, tout à l'heure, la moitié d'une section enterrée, une perle de petit agent de liaison tué à côté de moi ; c'est vraiment infernal et si bête ces deux énormes artilleries tapant à qui mieux mieux sur deux malheureuses lignes de fantassins ! On ne compte les hommes pour rien : les trous d'obus du voisinage sont pleins de blessés d'un, deux, trois jours que personne ne ramasse.

Je vous dis tout cela, chère maman, parce que je vous dis tout, et que je serai certainement relevé quand vous recevrez ma lettre, par cette bonne raison qu'on ne peut rester quinze jours dans une tranchée à vingt ou trente pertes par jour, avec une compagnie de cent trente hommes.

14 avril. — Chère maman, je sors de la plus rude épreuve que j'aie encore vue — quatre jours et

quatre nuits — quatre-vingt-seize heures — (les
deux derniers jours à tremper dans une boue glacée)
sous un bombardement terrible, sans aucun abri que
l'étroitesse de la tranchée, qui se trouvait justement
trop large ; pas un trou, pas un abri de bombardement, rien, rien. Les Boches n'ont pas attaqué,
naturellement, ç'eût été trop bête. Il était tellement
plus commode de faire sur notre dos un bel exercice
de tir. Ils l'ont exécuté tranquillement sans se
presser, avec divers calibres d'obus : des petits pour
régler, des gros percutants (éclatant par terre) pour
écraser et retourner, des gros fusants (éclatant en
l'air) pour achever les blessés ou les affolés qui
jetaient leurs sacs, seule et si faible protection.
Résultat : je suis arrivé là avec cent soixante-quinze
hommes, j'en suis revenu avec trente-quatre, plusieurs
à moitié fous. Et un peloton de petits chasseurs est
maintenant à notre place. C'est le plat suivant ; il y en
aura un autre à servir avant longtemps car l'ogre
prend goût au jeu. Le tir du dernier jour, hier, était
admirable ; j'avais le cœur gros en passant mes
consignes et faisant faire le tour du propriétaire
à un beau petit sous-lieutenant de chasseurs qui
venait me relever : tranchées défoncées, cadavres
partout (je n'avais pu que les aligner sur le revers
du parapet), déballage sans nom de fusils, équi-
pements, sacs émergeant de la boue ; le coin où
j'étais (on ne pouvait appeler cela poste de commandement) inondé du sang des blessés qui venaient
se réfugier auprès de moi comme si je pouvais
quelque chose, hélas ! Nous sommes toujours sous
les marmites (quelques-unes à peine de temps en
temps, rien de dangereux), à 3 kilomètres à l'ar-

rière et on dit que nous n'irions pas plus loin et attendrions là le renfort pour repartir ? Si, au contraire, nous allons plus loin et pour quelque temps, je prendrai quelques jours pour aller à Paris, sous prétexte du bras : je voudrais tant vous embrasser et papa.

Enfin, chère maman, Dieu m'a protégé. J'avais fait hier vers 2 heures mon sacrifice complet, au quatrième éclatement sur le parapet où j'étais adossé, deuxième sur celui d'en face, la tranchée retournée à quelques mètres à droite et à gauche ; je ne sais comment je suis ici.

15 avril. — Cher papa, j'apprends votre visite — manquée, hélas ! — et je reçois votre lettre qui me fait tant de plaisir ! J'aurais eu une telle joie de vous revoir, je n'entends parler que de tout ce que vous faites, au blocus, aux poudres. Je vous assure que vous avez la plus belle presse, là où la presse n'arrive pas, justement ! et où la littérature ne porte guère.

Nous sommes en réserve de division après une très dure épreuve, mais ne devons pas rester longtemps dans le village bombardé où on nous laisse souffler quelques jours. Je suis revenu avec trente-quatre fusils, j'en ai quarante-trois ce soir, le bataillon est à deux cent cinquante hommes sur huit cents, mais « prêt à servir » et il y aura occasion avant longtemps, dès que les Boches auront repris haleine de leur côté.

Je suis dans les délices d'un pieu, une chambre, une soupe et du café chauds, — bonheurs que je ne savais pas apprécier jusqu'ici, — je ne m'étais pas déshabillé depuis quinze jours ! Mais je n'ai pas eu les pieds gelés ni de mauvaises suites des chocs d'obus : excellent tempérament. — Tendresses.

15 avril. — Chère Marthe (Mme Jacques Cochin). — Vos lettres pas intéressantes ! mais si vous saviez quelle joie elles donnent, — les lettres c'est le bon moment de la journée, — la bouffée d'air de la famille et du pays pour lequel on se bat.

16 avril. — Messe des Rameaux, ce matin, dans une église encore intacte, aux vitraux près. Quel sens prend l'évangile de la Passion quand on regarde autour de soi toutes ces figures creuses et grises où il n'y a plus que des yeux ! Ce n'est pas la raison qui tue la foi, c'est la vie bourgeoise et facile. Quand on rentre dans la grande vie, il n'y a pas un mot de l'évangile qui ne porte. Et quelle affection aussi autour de soi ! C'est la consolation de nos misères.

Je suis installé au milieu de mes hommes comme un vrai père de famille ; pas besoin de grogner ni de gronder, les petits services se font tout seuls.

16 avril. — Madame (Mme la comtesse Murat). — Vos envois m'arrivent ! c'est une explosion de joie à la 9e compagnie du 146e. Le premier rayon de soleil, après quelles noires journées ! Nous arrivons du plus mauvais coin de la bataille, un certain bout de tranchée en espalier, devant la fameuse cote où nous sommes restés quatre-vingt-seize heures sous les marmites, jour et nuit. Je suis monté là le 9, avec cent soixante-quinze hommes, j'en redescends avec trente-quatre, sans une égratignure cette fois, mais après avoir vu ma compagnie me passer dans les bras, à la lettre; j'ai dû laisser là ma couverture, tant elle était imbibée du sang des blessés qui venaient se faire panser et consoler. Depuis deux jours, on nous laisse souffler dans un pauvre village abandonné, en ruines, où les obus boches tombent de loin en loin, avant de reprendre notre place en ligne. Tout cela est grand et beau, mais dur, car on n'a pas le temps, en pleine bataille, de faire des commentaires : un obus tombe dans une escouade, on range les blessés, écarte les morts, rétablit la ligne, et tout est dit; et même ici, où nous reprenons haleine, on a trop de misères naturelles à soigner, trop de surmenage, pour trouver beaucoup à dire. C'est l'arrivée de votre envoi qui a donné la vraie et première détente et mis les larmes dans tous les yeux. Cela valait mieux que tous les discours et que les ordres du jour dont on nous a gratifiés depuis hier ; et je vous assure qu'il y a eu beaucoup d'émotion, dans la grange où nous logeons, quand j'ai prononcé votre nom et annoncé votre généreux envoi ; on a senti passer le courant entre la France qui se bat et la France qui souffre et prie ; et j'ai jugé que mon éloquence était de trop. Quelques troupiers ont bafouillé je ne sais quoi, moi aussi, on s'est compris à merveille ; je suis sûr que vous comprendrez aussi. Une chose est bien certaine, c'est que depuis ce moment-là tout le monde se sent le cœur plus chaud et d'aplomb pour remonter là-haut quand on voudra.

Veuillez, Madame, croire à la respectueuse reconnaissance de ma 9^c et de son capitaine.

IV

La Somme

29 juin 1916. — Nous étions partis pour la gloire et, au seuil de la bataille, on nous a arrêtés tout net, hier soir, et priés de nous loger où nous étions : un boyau, où ma compagnie est installée à un homme par deux mètres, et moi, je trône au milieu, dans un caniveau de route. Vous ririez bien de voir l'endroit. Le caniveau donne dans une vieille carrière, pleine de boîtes à singe vides et d'autre chose. Eh ! bien, en une heure, mes bonshommes avaient fait du trou à ordures une salle à manger avec tables, bancs, table à jouer, et du caniveau, une chambre à coucher avec planches, pieux, bougeoirs. Ils sont épatants ! Quatre-vingt-dix-neuf marmites par là-dessus, mais pas dangereuses ; notre coin est bien défilé, surtout l'effroyable vacarme de nos pièces. C'est pourtant un tir *paresseux* pour une préparation, rien à comparer au tir boche de Verdun, même au nôtre de Champagne. C'est même d'après l'insuffisance du résultat qu'on nous a arrêtés sur les jarrets, au moment de bondir.

... La troupe marche bien, gaiement même. Nous avons encore de bien beaux régiments (j'en ai vu assez défiler depuis quinze jours), et le Boche, si faiblard que soit notre bombardement, semble bien aplati. Il ne sait pas ce que c'est que d'être marmité et manque tout à fait de moral, comme nous le voyons par les prisonniers. L'impression est bonne, en somme, et je crois au moins à un premier succès.

Je ne compte plus manger, guère dormir, à trois heures au delà des lignes. Aurons-nous des cartouches ? des grenades ? des ordres ? Voilà le hic ; quand on voit comme tout se fait difficilement et péniblement dans les conditions actuelles, si faciles, et les airs de remueurs de montagnes qu'ils prennent pour vous faire donner la soupe à point nommé, on se demande ce que sera la guerre de mouvement. Heureusement il y a le troupier !

Robert a couché au château en ruines, marmité continuellement, un château Louis XIII (appartenant à M. d'Estourmel), placé dans un fond, comme Vaux, avec parc à la française et de belles eaux. Hier, un gros obus est tombé dans le grand bassin. Aussitôt, de tous les coins des ruines, des types de s'élancer avec des louches, des pelles, des épuisettes pour cueillir les poissons qui montaient le ventre en l'air. Belle bibliothèque, avec des éditions des Didot ; un musée de curiosités, tout défoncé, où il y a encore deux momies égyptiennes intactes, qui ont l'air bien épatées d'aboutir au milieu de ce vacarme et concassement général.

30 juin. — Encore un jour de calme (bruyant), à 2 kilomètres de quelle fournaise ! Fournaise pour les Boches, soyez tranquille, — car ils ne répondent à peu près plus, — nos hommes sont tous hors du boyau, vautrés sur l'herbe ou à jouer aux cartes ou au bouchon, pendant que l'artillerie crache, crache tout autour. C'est « 304 » retourné pour le moment.

On dit que la cavalerie ne survivra pas à cette guerre-là ; mais l'infanterie pas davantage (sans jeu de mots macabre) : il n'y aura plus que des artilleurs et des pionniers, des trous blindés et des marmites.

4 juillet. — Chère maman, bataille, bataille, ça va en somme. J'ai une trentaine de tués, vos chères prières me protègent. Epargné avant-hier au milieu de toute ma liaison massacrée, bousculé hier avec Robert par un éclatement en pleine tranchée, j'en suis quitte pour deux petits éclats dans la figure. Robert a tout pris dans son sac. Jamais je n'avais encore échappé d'aussi près. Les Boches flanchent visiblement ; artillerie toujours terrible, mais des hommes misérables. Chez nous, beaucoup de lenteurs dans le commandement, dénuement, rien à manger, ni à boire, pas d'outils pour s'abriter ni de sacs à terre, mais le troupier tient bon ; on chipe, on se débrouille, on est encore assez gai quoique rompu de fatigue, dormir est hors de question, manger très difficile, et l'énervement continuel du bombardement est dur pour des troupes si jeunes. Tendresses à papa et à vous.

Je crois qu'on nous relève ce soir ; nous soufflerons bien cinq ou six jours ; il faut d'ailleurs remonter sa troupe. Je redescendrai avec soixante-dix hommes, sauf malheur ce soir ; je tâcherai d'aller à Paris vingt-quatre heures, mais pas sûr !

5 juillet 1916. — Chère maman, Toujours ce bois F... Voilà sept jours que je ne me suis passé une goutte d'eau sur le nez ; on a à peine à boire. Aujourd'hui il pleut : c'est encore pis, sur des figures noires de crasse et même (moi par exemple) de poudre, avec ces marmites. On est fatigué à ne pas se tenir sur ses jambes, les hommes dorment par terre dans tous les coins.

Au fond d'un ravin, tout au bout du bois, dans des abris et des broussailles, il y a encore un nid de Boches qui nous font des pétarades au fusil et à la grenade trois ou quatre fois par nuit. Mais ils sont à peu près cernés dans leur fort et hors d'état de nuire, le bois est bien à nous. La charge a été splendide, le 1er, à travers les 800 mètres de tranchées boches qui séparaient le bois de nos lignes. Nous étions le bataillon de réserve ayant mission de garder les premières lignes pendant l'assaut; j'ai eu sous les yeux, de nos tranchées, le magnifique spectacle de la charge, vu les lignes de tirailleurs courant de tranchée en tranchée jusqu'au bois, et même reçu les premiers Boches pris; délire de mes hommes, vous pensez; mais, après dix minutes de joie et d'émotion, arrivait sur nous le tir de barrage boche : massacre, nous avons eu plus de pertes que les troupes d'assaut. C'est là que j'ai perdu mon pauvre Clauss, et combien d'autres excellents. Depuis, les marmites (et françaises comme boches) auront encore tué pas mal de monde. On n'a pourtant pas l'air de vouloir nous relever et reposer, mais seulement mettre dans d'autres tranchées moins avancées.

6 juillet. — Nous sommes, pour l'instant, logés dans les ruines de leurs prodigieux travaux des forts et des villages souterrains. Quelle race d'ilotes et d'esclaves ! Jamais la peur des marmites ni celle des punitions ne feraient faire le dixième de tout cela aux nôtres. Nous discutons là-dessus avec Robert, qui_trouve que nous devrions copier cette discipline et ce soin. Je ne suis pas de son avis. Vive notre paresse, notre insouciance — où il y a bien de la fierté aussi — un soldat n'est pas une bête de bât.

(Dernière lettre reçue), 7 juillet 1916. — Chère maman. Zut, zut, zut. Quelle odieuse guerre, des jours et des jours dans des trous, ou plutôt des niches, chacun la sienne dans la paroi d'un boyau. Pas de casse : les Boches tirent obstinément trois cents pas plus loin, mais ce zzz boum continuel ! Pas moyen de se laver naturellement, de délacer seulement ses godillots. Je me porte comme un charme, mais ce qu'on peut s'embêter ! A notre droite, on perce ; mais pas à gauche (les Anglais), et alors nous devons attendre à 1.200 mètres du point de départ ; l'attaque est remise de jour en jour. Effroyable tintamarre toute cette nuit du côté des Anglais, roulement de canon ininterrompu ; attaque boche ? victoire anglaise ? personne ne sait. Nous moisirons encore longtemps peut-être ici.

Je suis au milieu des dépouilles boches et pourrais vous envoyer un tas de choses ; mais il faudrait fouiller dans des abris pleins de cadavres, et je n'ai pas le courage. Je ramasse seulement les cartes postales qui toutes parlent du grand jeûne de la Bochie ; c'est le seul sujet en dehors des politesses, qui tiennent d'ailleurs une place énorme : « Comment allez-vous ? Très bien, j'espère », etc., etc. Rien de si plat que ces lettres, pas une qui soit drôle ou particulière, comme celles du moindre de mes troupiers. Affreuse, affreuse race ; plus on les voit de près, plus on les abhorre. Les bandes de prisonniers sont ignobles à voir, bas, anxieux de se faire bien venir, ravis d'être pris. Il s'en est rendu hier plusieurs, débarquant chez nous leur calot à la main, tous les boutons de leur veste coupés, et portant un petit ballot de provisions pour le voyage. C'est ennuyeux de se faire tuer de derrière les parapets par de tels animaux. Ils ont une odeur spéciale, très forte, dont on ne peut plus se défaire, quand on vit comme nous dans leurs lignes, des poux spéciaux aussi — les fameux grands poux à croix de fer.

J'espère que le doigt de Bernard va bien : un séton au petit doigt de la main gauche, voilà ce qui s'appelle la bonne blessure ! Et Armand ? Et Jean ? Et papa, surtout ?

Adieu, chère maman; pardon de cette grande lettre incohérente. Je suis au fond de mon trou, à moitié endormi, au milieu de quel tintamarre ! Le physique va bien et le moral aussi, mais l'intellectuel n'existe plus.

Robert est épatant, tout à fait remis depuis qu'on est au feu, actif et efficace comme personne. Quand je vais faire des reconnaissances ou des visites à des voisins, c'est lui qui prend la compagnie, quoique j'aie un lieutenant : ça ne fait pas un pli, et je ne serais pas tranquille autrement.

9 h. 3/4. — Et le canon roule toujours, sans interruption, depuis une heure cette nuit !

V

La mort d'Augustin Cochin (1)

L'ordre d'attaque était donné pour le 8 juillet, 9 heures du matin. Malgré la fatigue, l'épuisement, les privations, la pluie, la troupe s'élance de nouveau magnifiquement, s'empare de plusieurs tranchées allemandes défoncées par l'artillerie, dépasse Hardécourt, arrive au Calvaire. Le capitaine Cochin, de la première marche, dirige un de ses hommes, qui tire avec un fusil-mitrailleuse posé sur la pierre du Calvaire.

« Un Fritz l'a visé du boyau, derrière un barrage de sacs à terre, avec un fusil périscope, monté sur chevalet portatif. Il est 10 h. 10 ».

Gravières, l'ordonnance, un gamin à figure d'enfant de chœur, qui ne le quitte jamais, s'élance : une balle est entrée près de la bouche, sortie par le cou, le sang coule à flots. « Il ne m'a pas raté, lui dit son capitaine. Déséquipe-moi, emmène-moi. » Et le souci du commandement l'absorbant : « En avant ! » Il indique, de la main, le but à poursuivre : « Ma pauvre neuvième compagnie ! toujours en avant, toujours à la belle victoire ! » Il pense au capitaine Charpentier : « Je voudrais voir le capitaine C... ici, derrière moi. Enfin, il est vrai qu'on ne peut pas

(1) Les fragments de récits qui vont suivre, racontant le dernier combat, sont du lieutenant Robert Didot, qui servait dans la compagnie et sous les ordres du capitaine Cochin, du capitaine Charpentier, son ami et collaborateur en temps de paix, du soldat Soupirou, tous trois engagés volontaires dans ce régiment d'assaut, et de Gravières son ordonnance tout dévoué.

être partout à la fois. Racontez-lui tout. Racontez tout au capitaine C... Dites que mes hommes ont été admirables et m'ont suivi partout. »

On tente de panser les plaies, mais le capitaine, qui étouffe, à deux reprises, arrache les pansements.

« Tu embrasseras pour moi mon pauvre papa, ma pauvre maman, mon frère, toute la famille. » Puis il dit à haute voix l'acte de contrition, mais il ne peut bientôt plus parler, et Gravières doit l'achever avec lui. Augustin Cochin ajoute : « A présent, laisse-moi penser. »

Un instant après, arrive le lieutenant Didot, blessé.

Récit du lieutenant Didot. — « A ce moment, j'ai une vision affreuse. Mon cœur se serre de douleur.

« Quatre hommes portent sur deux fusils un corps inanimé. Je reconnais la tête d'Augustin, de dos. Je me précipite, je les arrête. « Augustin, tu me reconnais ? » Il semble se réveiller. Ses yeux s'ouvrent et sa tête essaie de se relever. Elle retombe. Il veut parler mais ne peut. Je devine que c'est pour me demander si la contre-attaque est repoussée. « Oui, cela a réussi ». Ses yeux s'ouvrent encore et me regardent avec une tranquille sérénité. Il n'a pas l'air de souffrir.

« Son dernier regard exprime le calme de son âme, la béatitude, la joie de mourir pour la France. Il voit déjà l'au-delà et semble bien heureux. »

Récit du capitaine Charpentier. — « Le 8 juillet, les vagues d'assaut partent à 9 h. 35. Avec angoisse, j'attends des nouvelles. Nous apprenons que les troupes ont atteint les objectifs assignés ; on nous dit sans grandes pertes !... Le tir de barrage commence sur nous. Il nous faut assurer l'organisation de la position conquise; envoi d'hommes, d'outils, de matériel. Les heures passent. Vers 1 heure, un de mes hommes qui revient de la première ligne arrive : « Mon lieutenant, nous rapportons le lieute-« nant Dauria qui a une balle dans le ventre, il est là « et il veut vous parler. » J'y vais aussitôt, Dauria ne me semble pas très grièvement touché. Je lui demande ce qu'il veut, je fais ce qu'il veut (il est hors d'affaire aujourd'hui), puis, le cœur serré, je lui dis : « Et le capitaine Cochin ? » Un de mes hommes qui ont rapporté Dauria me répond : « Il a « été tué; son ordonnance et un de ses hommes « l'ont rapporté jusqu'à l'autre lisière du bois, mais « ils n'ont pu aller plus loin. »

« Je ne sais pas comment je ne suis pas tombé. Mais je me reprends et, comme un fou, je cours dans la direction qui m'est indiquée. Je trouve mon pauvre Augustin étendu sur une toile de tente accrochée à deux fusils allemands. Je découvre sa pauvre tête cachée par un coin de son manteau.; il a le cou traversé par une balle. Je ne peux pas pleurer, je suis comme une bête. Je récite un *Ave Maria* et le *De Profundis*. Son ordonnance est assis près de lui. « A-t-il beaucoup souffert? — Non. — A-t-il été tué sur le coup? — Non. — Combien de temps a-t-il encore vécu? — Je ne sais pas : peut-être un quart d'heure. — Qu'a-t-il dit? — Il a dit : « Enlève « mon équipement et emmène-moi. Emmène-moi. « Tu embrasseras mon père et ma mère et tu diras « bien des choses à Charpentier, aux camarades. »

« Je restais là sans force, sans idées, sans courage.

Je me suis agenouillé et j'ai mis sur son front le dernier baiser que sa mère aurait voulu lui donner.

« Mais je ne voulais pas le laisser là ; j'appelle mon ordonnance que je vais chercher et trois autres de mes hommes et je le fais transporter à travers le bois. Arrivés à l'autre lisière du bois, mes hommes n'en peuvent plus. Je cours au poste du colonel demander qu'on envoie un brancard pour l'emporter à Maricourt. Le bois et le terrain sont très bombardés et le colonel me fait répondre qu'on ne peut exposer en ce moment la vie de quatre hommes. Tant pis. Je ne le laisserai pas là ; je ne peux pas. Je trouve un volontaire parmi mes hommes pour aller chercher un brancard à un kilomètre de là, au poste de secours. Il revient. Je dis encore une prière auprès de lui. Puis son ordonnance, le mien et deux de mes hommes le chargent sur leurs épaules et, lentement, s'en vont.

« Je retourne à mon poste... »

9 Juillet 1916. — *Lettre de l'infirmier Charles Savine.* — J'ai eu aujourd'hui une bien triste mission à remplir.

Le capitaine Cochin, du 146ᵉ, a été tué à bout portant d'une balle boche. Il est mort en héros. Il ne pouvait pas mourir autrement. Sa vie était si belle. Je l'ai fait mettre en lieu sûr et c'est pieusement que j'ai fait, en compagnie de l'aumônier, la fouille de son corps. Je n'ai plus trouvé que ses deux médailles, Légion d'honneur tachée de sang et Croix de guerre. Jamais ces croix n'ont été plus honorées que sur cette poitrine et c'est en tremblant d'émotion que je les ai détachées pour les remettre à l'aumônier. Puis, j'ai coupé des fleurs. Des fleurs, cela semble impossible. Eh ! bien, j'en ai trouvé : des roses sauvages, et d'un rouge éclatant. Une brassée de lauriers recouvre son corps. J'ai lavé sa tête et je l'ai mise dans une attitude digne de lui. Il repose comme un preux d'autrefois, drapé dans une toile de tente, les vêtements souillés de boue glorieuse et recouvert de fleurs.

10 juillet 1916. — Lettre du lieutenant-colonel du 146ᵉ. — Monsieur le Ministre, nous pleurons avec vous le cher disparu, une des plus hautes figures, la gloire, l'honneur du 146ᵉ régiment, où tout le monde le respectait et l'aimait.

Votre fils est tombé, vers 10 heures, le 8 juillet, frappé au pied d'un calvaire au nord d'Hardécourt ; il est mort en chrétien et en soldat. Au nom de mon régiment, je vous adresse l'expression émue de nos très vives condoléances dans le malheur qui vous frappe. Personnellement, je perds un collaborateur et un ami sûr, qui venait souvent m'entretenir de ses hommes, de nos opérations, de tout ce qui fait depuis deux ans l'objet de nos pensées.

Je garderai son souvenir, et nul doute que, de là-haut, il ne reste près de nous et ne nous protège.

Je prie Dieu d'adoucir les dures épreuves qu'il vous impose. Veuillez, Monsieur le Ministre, déposer aux pieds de Mᵐᵉ Cochin mes hommages attristés et agréer l'expression de mes sentiments les plus respectueux. — R. JEANPIERRE.

Rien sans doute ne peut ajouter à l'honneur d'un pareil témoignage si ce n'est l'impression d'un passant, frappé du dévouement héroïque d'un officier blessé.

Lettre de l'automobiliste de Fayet Le Marchand. — Vous avez vu la mort du capitaine Cochin, un autre fils encore de M. Denys Cochin. C'était, paraît-il, un homme d'une grosse valeur, qui faisait partie d'un régiment d'une de nos divisions. Il était adoré de ses hommes, dont il obtenait ce qu'il voulait. Ils le savaient courageux plus qu'aucun d'eux, c'était encore un de ces officiers respectueux et amoureux de la vieille tradition. Sans le savoir, je l'avais vu un jour où je conduisais le général B... et que ce dernier était descendu de voiture pour voir défiler le régiment. Quand il le vit *à pied* à la tête de sa compagnie, le saluant avec son sabre de la main gauche, il l'appela et lui demanda comment il allait, en lui disant que puisqu'il n'était pas encore tout à fait guéri, il ne voulait pas qu'il retourne au feu. Mais le capitaine lui répondit gaiement avec un joli sourire (c'était un très bel homme) : « Mon général, je ne vous ai jamais désobéi, mais cette fois-ci vous ne m'empêcherez pas de faire mon devoir. » Et il s'en alla en courant bien doucement, car il avait le bras droit dans un plâtre et des blessures aux jambes. Il avait été blessé trois fois. Le général demanda ensuite au colonel s'il pouvait être utile dans le régiment dans cet état, et celui-ci lui répondit qu'un homme de cette valeur rend toujours des services partout où il se trouve.

Quinze jours après, il mourut en héros à la tête de sa compagnie, à l'assaut de Hardécourt. Il semble que le général avait un pressentiment, car il tenait à cet homme et ne voulait pas l'exposer.

Il y a encore de braves gens décidément !

APPENDICE. — Citations à l'ordre de l'armée.

25 Septembre 1914

« Cochin (Augustin), lieutenant de réserve au 146e régiment d'infanterie. Le 25 septembre, à l'attaque d'une position, malgré deux blessures graves, a conservé le commandement de sa section et, par son énergie, a maintenu celle-ci sur le champ de bataille sous un feu violent de l'ennemi. »

25 Septembre 1915

« Admirable de sang-froid, d'entrain et de bravoure. A entraîné sa compagnie avec une ardeur sans égale à l'attaque du 25 septembre 1915. Deux fois blessé. »

26 Février 1916

« Cochin (Augustin), capitaine de réserve au 146e régiment d'infanterie. A conduit sa compagnie à une contre-attaque avec un allant remarquable. Blessé d'une balle à l'épaule, ne s'est fait panser qu'après avoir assuré l'occupation du terrain conquis. Coutumier d'actions d'éclat. Déjà deux fois cité, deux fois blessé.

8 Juillet 1916

« Officier d'une bravoure et d'un entrain superbes, animé de l'esprit de devoir et de sacrifice le plus absolu. Blessé à tous les combats auxquel il a assisté, n'a jamais consenti à être guéri complètement pour reprendre plus vite sa place dans le rang. Malgré toutes les instances, est revenu au corps avec un bras brisé. Exemple vivant des plus hautes qualités militaires. Est tombé glorieusement le 8 juillet à la tête de sa compagnie, défendant une ligne qui venait d'être conquise. »

TABLE DES MATIÈRES

420. — Imprimerie Artistique «Lux», 131, boulevard Saint-Michel, Paris.

9 782019 982133